JN411902

가지 않았던 길

가지 않았던 길

정연태 시집

세종출판사

••• 시인의 말

가보지 않았던 길에 첫발을 내딛는다.
두려움과 설렘이 교차된다.
막연히 꿈만 꾸었던 다른 나라에서
보지 못했던 현상들과
맡지 못했던 세상의 냄새들을 마음껏 들이켜본다.

2026년 새해
정연태

차례

제2부
문장부호 하나로

제3부
새 날개를 기다리며

제4부
굿모닝, 굿네이버스

제5부
다시 봄이다

제1부

보름달은 웃는데

보름달은 웃는데

엄마 보내고 맞는 첫 한가위
커다란 보름달은 환히 웃는데
텅빈 내 가슴은 컴컴하다
지천명을 넘긴 지도 한참이건만
나는 여전히 어린 막내일 뿐인가

저 보름달은 다시 작아졌다가
커다란 보름달로 돌아올 텐데
작아질 대로 작아져서
어두울 대로 어두워져서
다시는 환한 보름달로 뜨지 못할
엄마 내 엄마

가을 산행길에서

푸른 하늘 별빛이 이보다 반짝일까
아홉 마디 사연을 담아
구절초가 피었다
지나가는 산객도 벌나비도
꽃잎에 앉았다 간다

바람이 피워놓았나
구름이 피워놓았나
저무는 산노을도
떠나지 못하고 주춤거린다

가지 않았던 길

막연히 꿈만 꾸던 문학의 길
한 줄도 못 쓰면서
그냥 시인이 되고 싶었다
한 번도 가보지 않았던 길
용기를 내어 문학수업에 달려들었다

교수님의 강의가 별이 되어 박힌다
점점 내가 환해지는 것 같다
부족하지만 나도 쓸 수 있구나
삭막한 내 가슴에도
별이 뜰 수 있구나

간절곶 해맞이

간절곶의 새해 첫날은
올해도 몸살을 앓는다
전국에서 몰려든 새해맞이 관객들
사람들은
유독 처음에 의미를 둔다
첫인상 첫돌 첫사랑…
처음 것들이
추억에 기여하는 것은 크지만
새해 첫날 뜨는 해는
우리가 늘 만나던
어제의 해일 뿐이다
해마다 북새통을 이루는 광경을 보면 허탈하다
첫날 첫해를 보며
복을 빌며 첫다짐을 하는 우리들
그 다짐은 얼마 지나지 않아 희미해지는데
새해 벽두 거창한 다짐보다
살아가는 동안 하루 하루를 돌아보며
소박한 내일을 준비하면 어떨까

겨울바다

인적이 드문 겨울바다
파도만 으르렁거리고 있다
파도는 각양각색이다
색깔도 다르고
세찬 몸짓도 다른 것이
우리 사는 세파를 닮았다
나를 쫓아오는 파도를 피해
나는 힘껏 달아난다
머뭇거리지 말고
더 힘껏 달리라고 몰아부친다
어느덧 내 나이
오십 중턱에 올라섰다
나를 덮치는 저 파도에 붙들리지 않게
나는 더 힘껏 달아나야 한다

격투기

몸과 몸들이 끝없이 부딪친다
치열한 저마다의 삶을 풀어내며
땀방울에 또 내일을 다짐한다
내 주먹이 겨냥하는 것은 네가 아니라
정신없이 살아가는
나 자신인지도 모른다
뒹굴며 부딪치며 땀 흘리며
오늘도
나태해질 나와 너를 향해
온몸을 불사른다

고드름

거꾸로 매달려 하늘을 본다
마냥 푸르고 맑다
날아가는 새도 평온하고
바람도 잔잔하다
헐뜯고 싸움 많고 복잡한 세상은 잊어라
가끔은 아주 가끔은
홀로 거꾸로 매달려
세상의 뒷면을 읽으며
나 살아온 지난날을 돌아볼 일이다
언제나 아래로만 향하는
겸손한 고드름처럼

고흐의 해바라기

해바라기 웃음이 어둡다
우리는 서로에게
꺼지지 않는 빛이고 싶은데
시들지 않는 태양이고 싶은데
그늘진 곳곳이 너무나 많다
등 굽은 어르신들
하루 해가 숨가쁘고
홀로 견디는 센바람에
겨울밤이 시리다
환한 해바라기 웃음이
곳곳에 피어나기를

그래서 봄이다

두 눈 감고 겨울잠 자던 세상
반짝반짝 눈을 뜬다
납작납작 엎드렸던 어둠
심지 달궈 불을 켠다
나 좀 보라고 나 좀 봐달라고
겨울잠 걷어차고 깨어나는 봄
여기서도 톡
저기서도 톡
사방에서 새 움이 터져나온다
모두들 나 좀 보라고
그래서 그 이름도
봄이다

기울이면

무심한 눈빛 하나
그쪽으로 기울이면
버석이는 모래알은
단단한 모래탑이 되고
발에 짓밟히는 흙은
우람한 산이 된다

차가운 심장 하나
너에게로 기울이면
쓸쓸한 바람은
아련한 그리움이 되고
홀로 흐르는 물은
영롱한 물보라가 된다

별 볼 일 없는 날들

갑자기 궁금해졌다
요즘도 하늘에 별이 뜨는지
혹시 별이 다 사라지고 없는지
바쁘단 핑계로 하늘을 본 지도
별을 본 지도 까마득하다
오늘은 무슨 일이 있어도
퇴근길에 하늘 한 번 봐야지
몇 개 안 남은 별이라도
꼭 봐야지
그 별 꼭 만나봐야지

다육이가 부럽다

낮에는 햇빛 먹고
밤에는 달빛 먹고
창가를 지키는 다육이
하루가 다르게
포동포동 살이 오른다
시끄러운 세상사
눈 막고 귀 막고서
해맑은 표정만 키우는
네가 몹시도 부러운 날

제2부

문장부호 하나로

까치밥 홍시

앙상한 감나무에 홍시 두어 개 달려있다
파아란 하늘 보며 누구를 기다리나
바람도 지나가고 구름도 지나간다
우리 엄마도 홍시를 좋아하셨는데

감꽃 매달고 새파랗게 커가더니
바람 서리 다 견디며 어느새 저리 익었을까
마음 넓은 감나무 주인이 남겨둔 홍시 두 알
배고픈 까치는 그 마음 알까
까악 까악 까치가 대답한다
감나무 주인 마음도
엄마 그리워하는 내 마음도 다 안다고

꼭 해보고 싶은 일

삶의 행로를 걸어오면서
꼭 해보고 싶은 일은
해야만 하는 일에 번번이 떠밀렸다

오늘은 수없이 되돌아오겠지만
꼭 해보고 싶은 일은
언제쯤 돛을 달까

인연을 믿어본다
세상 모든 일은
인연의 숨결이 닿아야 이루어지는 것
포기하지 않는 꿈 하나
꼭 품고 가꾸다 보면
그날은 반드시 오겠지

끝없는 질문

마음 먹은 대로 일이 잘 풀리지 않을 때
스스로에게 묻는다
대체 이유가 뭘까?
예상보다 계획보다 숨이 가빠질 때
다시 묻는다
대체 왜 그렇게 서두르는 거야?
스스로에게 하는 질문만이
분별 없는 걸음을 조절할 수 있다
평탄했던 길이 느닷없이 흔들리고 갈라질 때
마음 가다듬고 다시 묻는다
지금 내가 서 있는 여기는 어디인가?
만사가 척척 잘 풀릴 때 또 물어본다
바르게 제대로 가고 있나?
정답을 낼 수는 없지만
어떤 답도 다 필요하리라 믿는다

느릿느릿 끈적끈적

달팽이를 다시 본다
달팽이
그 사랑스럽고 예쁜 이름보다
느림보가 먼저 떠오른다
더 빨리 더 빨리
스피드를 외치는 이 시대
느림의 미학을 생각케 한다

달팽이의 또 다른 이름은
'끈적끈적'
함부로 끊어낼 수 없는
끈끈한 우리네 삶처럼
느릿느릿 걸어도
한없이 따뜻하고
끈적끈적한 관계를 만든다

문장부호 하나로

마침표 하나 없이 분주하기만 했던 지난날
문득 돌아보니 가쁜 숨이 가득 고였네
가슴 한가운데 숨표 하나 찍어본다
못 보고 지나온 풍경들이 새삼스레 다가선다
모두가 낯설고 경이롭다
숨이 편안해지고 안구가 걷혀 말끔하다
세상일이 번거롭고 힘들면
그땐 묵묵히 말없음표로 섰다가 가자
그러다 머릿속이 환해지면
커다란 느낌표를 쏟아내며
이 삶을 끝없이 찬미하자
다만, 물음표는 최대한 아껴쓰자

답

세상은
끊임없이 질문을 한다
온갖 시험지가 답을 재촉한다

정답도 답이고
오답도 답인데
우리는 정답만 답인 줄 안다

세상에 정답이 어딨던가
가끔씩 틀려가며
고쳐가는 게 답인데
틀린 답도 분명 답인데

동지 팥죽

한 살 더 먹는 동짓날
빠알간 동지 팥죽을 먹는다
액운은 다 날아가고 좋은 운만 오기를
국가적으론 유례없는 비상계엄이 발령돼
온 세상이 놀랐고
우리는 45년 전의 역사를 되짚기도 했다
나라도 국민도 사회도 개인도
새해엔 모두 안정되기를
동지 팥죽을 푹푹 떠먹으며
간절한 소망을 빌어본다

또 하나의 가족, 사모예드 네 식구

우리 회사 식구들과 함께하는
참 예쁘고 사랑스런 가족이 있다
러시아 북극이 고향인 사모예드 네 식구
온몸으로 우리들의 출근을 반겨준다
둘리와 하니가 오랜 시간을 익혀
파랑이와 빨강이를 낳았다
둘리가족은 하나같이 웃는 눈을 가졌다
여덟 개의 별같은 눈망울이 사방에서 반짝이고
입꼬리를 있는 대로 올리면
온 직원들도 따라 웃으며 고단함을 날린다
어느덧 몇 번의 사계절을 함께한 둘리가족
둘리가 아득히 허공을 바라볼 때면
머나먼 고향땅을 그리워하는 것 같아 안쓰럽기도 하다
어느새 한 가족이 되어 있는
끈끈한 사모예드 네 식구

마스크 시대

영원한 세상과의 단절인 줄 알았다

놓치고 살았던 네 눈매가
심장이 멈춘 내 가슴을 두드리고
입으로 범하던 저지레가 줄어든다
손바닥만한 존재가 세상을 압도한다
진절머리쳐지던 유행병이 유행시킨 작은 거인
이 세상의 병들은 물러가라
입으로 짓는 죄업들
하얗게 하얗게 소멸되어라
험담 떨친 고운 입들이
마스크 속에서 웃고 있다

마음 키우기

분명 그건 내것인데
내 몸 어디쯤에 숨어 있는지
본 적도 없고 만져본 적도 없다
맛있는 걸 먹는다고
꾸역꾸역 나이를 먹는다고
결코 커지는 게 아니었다
긴 폭염만큼 지리한 장마만큼

머나먼 기다림이 다녀간 뒤
아플 만큼 아파본 통증 너머
느린 걸음으로 커지는 것
더 빨리 더 빨리
세상은 스피드를 재촉하지만
마음만큼은 속성재배를 거부했다

밤바다에서

등대가 홀로 지키는 밤바다
어둠의 끝이 여기인가
지난 시간들이
파도에 실려 살아난다
파도는 잠들지 않고
또 다른 내일을 준비하고 있다
지나가는 달이
첨벙 빠져든다
나와 함께
이 밤을 건넌다

동백은 지고 목련은 피고

한쪽에선
동백이 목을 떨어뜨리고
또 한쪽에선
새하얀 목련이 노래한다
같은 날 같은 시간에
세상을 떠나는 사람도 있고
세상을 처음 만나는 생명도 있다
삶과 죽음은
시작과 끝이 아닌
동전의 양면 같은 것
분리될 수 없는 한몸

제3부

새 날개를 기다리며

매미 소리

맴 매앰 차르르 차르르
쉬지 않는 매미 소리
한여름 더위를 찢어놓는다
쏟아지는 햇빛도 움츠리고
목마른 나뭇잎들도 바들거린다
온몸을 찢으며
절규하는 매미 소리에
나른한 일상이 눈을 뜨고
느슨해진 근육이 일어선다

먼지는 대단하다

주변을 더럽힌다고
영 몹쓸 녀석은 아니다
열심히 빗자루로 쓸어내도
저들끼리 똘똘 잘도 뭉친다

후우 후우 푸우 푸우
입바람 모아 불어대면
잠시 밀리는 듯 딴청을 부린다
그러나 결코
비굴하게 사라지진 않는다

자기편끼리도 화합하지 못하고
눈만 뜨면 으르렁거리는
정치 현실을 보면
먼지보다 못하다는 생각이 든다

물에서 배운다

흐르는 물이거나
잠잠이 멈춰있는 물이거나
물은 언제나 낡은 생각을 씻어준다
상대에 맞춰
자신의 모습을 바꾸기도 하고
걸음 속도도 맞춰준다
잘났다고 앞서지도 않고
제 갈 길만 조용히 갈 뿐
넘치지도 않는다
상선약수, 최상의 선한 것은 물이라던
그 옛날 노자님의 말씀
다시금 되뇌어본다

반드시, 꼭

살다보면
좋은 일과 궂은 일은 늘 반반이다
그러나 우리에겐
궂은 일만 가슴에 와 박힌다
캄캄한 밤 속엔
환한 아침이 숨어 있고
겨울 된바람 속엔
봄날의 미풍이 움트고 있다
살아있는 생명에겐 다 때가 있다
곪은 상처엔 반드시 새살이 차오르고
머지않아 단단한 딱지가 앉는다
반드시, 꼭

보이지 않는 손

겨울이 깊어간다
이맘 때면
차가운 거리에 훈기가 도는 풍경들이 쏟아진다
여기저기서
얼어붙은 심신을 녹이는
따뜻한 손들이 있다
보이지 않는 그 손길로
세상은 또 새봄을 맞고
냉랭한 시간들은 온기를 되찾는다
외롭고 삭막한 시대
보이지 않는 손들이 더 많아지기를

봄비

봄비는
연둣빛 물감으로 흐른다
겨울을 지난 앙상한 가지들
봄비 한 번 맞으면
새싹을 틔우고
몇 번 더 맞으면
신록이 된다

봄비는
오늘도 연둣빛 물감으로 흐르는데
일상에 부대끼는 우리들은
어떤 물감으로 흐르고 있는가

새 날개를 기다리며

- 철거작업

별도 달도 자러 간 시간
캄캄한 밤을 부수러 눈 비비며 나선다
하늘에 닿을 듯한 건물들
철거작업이 시작된다
번잡했던 하루
구태 나는 일상
때리고 부수고 무너뜨린다
허공에 떠다니는 잡념도 번민도
후련하게 뭉개버리자
내일이면 새로 돋아날 날개들
사방에 퍼덕인다

석가 탄신일에

오늘은 사월 초파일 석가탄신일이다
문수산 자락에
짙은 어두움 깔리면
저마다의 소망들
연등을 타고 불꽃을 피운다
대웅전 부처님 앞에
무릎 꿇고 엎드려
세속에 얼룩진 나를 돌아본다
이 순간만큼은 평온하다
자비로운 부처님의 눈빛
가슴에 가득 담고
하산하는 길
온누리에 자비와 평화가 깔린다

시간여행

날마다 오늘은 열리지만
날마다 닫히기도 한다
가만히 서서
느긋하게 그 문을 지켜본다
이것을 시간여행이라 해두자
오늘 없이 내일은 없다
철저히 오늘 하루를 따라가보자
별 생각 없이 써버린 스물네 시간
이토록 온갖 색깔과 장면으로 빼곡하다니
하루가 이토록 길 수 있다니
제대로 해본 시간여행
오늘이 이렇게 좋은 여행지일 줄이야

어쨌든 세상은

바람이 잎을 흔드는가
잎들이 바람을 흔드는가

구름이 달을 가리는가
달이 구름 속으로 들어가는가

비가 흙으로 스며드는가
흙이 비를 빨아당기는가

어쨌든 세상은
서로가 서로를 당기며
서로가 서로에게
스미며 살아가는 동네다

장갑 속에는

장갑을 벗으며 생각에 잠긴다
다섯 손가락이 오손도손 모여사는 집
어릴적 우리들의 형제 같다
좁은 방에서 부대끼며
아웅다웅 살던 그때가 그립다
좁지만 따뜻했던 그 집이 그립다
형제가 귀한 요즈음 세상
모두가 외동이고
모두가 허허롭다
널찍한 집이면 뭣하나
바람만 휑하니 들어오는데

공놀이

아이들이 공놀이를 한다
공을 차올리며 내지르는 환성
하늘까지 닿는다
저 아이들은 알까
저 공이 언제까지 둥글둥글할지
발길 따라 공이 가는 것처럼
앞으로의 갈 길도
공처럼 힘차게 나아갈 수 있을지

그땐 까마득히 몰랐다
둥근 공도
바람이 빠질 수 있다는 것을
아무리 발로 차도
앞으로 나가지 않을 때도 있다는 것을

제4부

굿모닝, 굿네이버스

우선 멈춤

뉴스에선
하루도 빠짐없이 교통사고를 알린다
나도 크고작은 차 사고를 빈번히 겪는다

푸른 신호등이 빨강으로 바뀌기 전
잠시 노란 신호등이 나를 세운다
마음은 그 잠깐을 참지 못하고
갈까 말까를 갈등한다
아주 잠깐 찰나의 시간인데

마구 달리느라
차도 나도 숨가빴다
이젠 좀 쉬었다 가자
노란 신호등 덕분에 잠시 숨 돌려보자
잠시 하늘도 보자
짧은 시간에 이리도 많은 것이 보이는 것을

잠의 세계

현실도 꿈도 아니다
낮도 밤도 아니다
슬픈 곳도 기쁜 곳도 아니다
하늘도 땅도 아니다
빨강도 파랑도 아니다
여름도 겨울도 아니다
바다도 육지도 아니다
알 수 없는 중간 지점에서
우리는 한없이 쉬었다 가고
무한한 에너지를 충전한다

신비한 이곳에서
한 발짝만 떼면
황홀한 꿈에 도착할 수도 있다

저 구름도

산마루 숲길 가득
아침안개가 출렁인다
뜨고 지는 일상에
머릿속 이정표는
가끔씩 갈 길을 잃은 채
넋놓고 구름을 따라간다
살아온 길 모퉁이마다
땀도 사연도 많았지
말없이 흐르는 저 구름도
뭉게뭉게 웃음도 많았겠지만
때론 비울음도 머금고 살았겠지

제야의 종소리

한 해의 끝을 장식하는 종소리
온누리에 퍼진다
지나온 시간 동안 곡절도 참 많았다
서른 세 번의 타종소리가
어둠 속 허공을 뚫고
방방곡곡으로 달린다
올해의 아픔과 시련은 밀어내고
희망찬 새해의 첫발을 불러온다
이제 몇 초 후면
눈 몇 번 깜빡이면
을사년 새해가 짐을 풀 것이다
우리는 제야의 종소리를 들으며
반성과 소망의 길목을 서성거린다

굿모닝 굿네이버스

굿모닝, 내 이웃들
이 아침도 햇살 환히 찾아옵니다
울타리도 걷고
담장도 허물고
두터운 벽도 무너집니다
못 보고 지나칠 뻔했던 내 이웃
잠깐 눈 돌려 돌아보니
손 닿을 곳에 있었네요
입김 호호 불어 두 손 맞잡고
시린 겨울 훌쩍 넘어봐요
햇볕이 더욱 따사롭습니다
사랑하는 내 이웃들
날마다 굿모닝

제주도 풍경

사업차 제주도 왕래가 많아졌다
갈 때마다 바람이 다르고
흐르는 구름도 다르다

소가 누워있는 우도牛島를 바라보면
바빴던 하루가 편안해진다
제주 명물 땅콩아이스크림에 피로가 달아나고
지나가는 바람도 손에 잡힌다

내가 사는 울산과 제주는
똑같이 바다가 출렁이는데
바다향도 다르고 몸짓도 다르다
우리는
똑같은 다름 속에서 살아간다

지구별 여행자

사랑하는 내 엄마도 떠나가시고
함께하던 지인들이 하나 둘 떠난다

우리는
지구별 여행자인지도 모른다
어느 날
목적도 없이 무작정 왔다가
사랑도 미움도 채 배우기 전에
허망한 손 흔들며 떠난다

오늘
갑작스레 부음을 듣는다
울적한 마음을 아는지
때마침 비가 내린다
머나먼 길 떠나는 날
세상의 먼지라도 재워줬으면

채움과 비움

채웠다 비웠다 되풀이하는 찻잔
오늘도 차 한 잔을 비우며
아침 햇살을 맞는다
하루로 꽉 채워질 빈잔
퇴근 무렵엔 어떤 빛깔로 찰랑거릴까
끊임없이 묻고 답하며
채웠다 비웠다를 되풀이하다 보면
내 가슴에도 언젠가
무지개가 뜨겠지
나는 또 잔을 비우며
또다른 내일을 채울 꿈을 꾸겠지

천지 삐까리

천지 삐까리...?
삐까리...?
일본말인 줄 알았다
오늘 문학수업 중
그 야릇한 '삐까리'를 바로 알았다
볏단 더미를 뜻하는 '볏가리'에서 유래한
참 멋진 우리말이란다
그 옛날
나라님이 고을을 순시하면서
논마다 쌓인 볏가리를 보고서
백성들의 배부름이 기뻐 소리쳤던 말
오, 천지에 볏가리가 쌓여 있구나
아주 많다는 뜻의 경상도 사투리로 자리잡았다
황금빛으로 물드는 가을 벌판에
높이 쌓여있는 볏가리들
정말 천지 삐까리구나

태화강 떼까마귀 마중

어김없이 찾아온 떼까마귀 맞으러
태화강으로 향한다
수많은 무리들이 지켜내는 질서 앞에
잠시
무질서한 인간사회를 돌아본다
들이닥친 겨울손님으로
저녁노을은 부랴부랴 숨어버리고
사람들의 탄성만 하늘까지 닿는다
해마다 겨울손님 숫자가 줄어든다는데
내년에도 저 화려한 군무를 볼 수 있기를

걷자, 걷자

한 발짝도 걷지 않는 현대인들
엎어지면 코 닿을 곳도
자동차 열쇠부터 찾는다
자고로
와사보생이라 했다
누우면 죽고
걸으면 산다고 했다
자동차도 도로도
이젠 좀 쉬게 하자
그들이 쉬고 우리가 달려야
이 땅도 건강하고
우리도 건강하다

도다리 쑥국을 먹으며

봄바람 타고
여기저기서 쑥냄새가 날아온다
지인의 손길에 끌려 간 음식점
봄엔 햇살 좋은 봄날엔
도다리 쑥국을 먹어야 된단다
우리 엄마가 좋아하시던
도다리 쑥국
한동안 엄마 생각에
헛젓가락질을 한다
봄이면 쑥쑥 쑥이 돋아나는데
우리 엄마도
쑥처럼 쑥쑥 돋아나셨으면

제5부

다시 봄이다

폭포수 아래

저토록 성실한 자세를 보았는가
저토록 변함 없는 마음을 보았는가
저토록 겸허한 마음을 보았는가

폭포는
단 한 번도 한눈팔지 않고
다른 곳을 넘보지 않으며
한껏 몸을 낮춰
아래로 아래로만 향한다

곧은 물은
바위를 뚫을 수도 있겠다

학 그리기 대회

그린울산포럼에서
학 그리기 대회를 열었다
초등 꼬마들이 옹기종기 모여앉아
학을 그린다 꿈을 그린다
하얀 도화지엔
유리구슬을 물고 하늘을 나는 학도 담기고
울산 동백으로 머리를 장식한 학이
태화강을 유유히 노닐기도 한다

옛날부터 우리 울산은
학과 밀접한 고장이며
학은 울산의 상징이었다
학이 사라진 우리 울산에
어서 빨리 학이 날아오기를
아이들의 눈동자에
호기심 어린 하얀 구름이 떠다닌다

한 해를 보내며

정신없이 달려온 한 해가 저문다
참 숨가빴던 날들
햇빛 찬란한 날도 있었고
비바람 치는 폭우도 있었다
감사할 사람도 많았고
야속한 사람도 많았다
이젠 용서를 하자
용서는 치유의 해법이다
용서하는 순간
내가 치유된다
용서는 나를 살게 한다

함월산含月山, 달을 머금다

햇빛 한 모금 머금었다
별빛 한 모금 머금었다
바람 한 모금 머금었다
비 한 모금 머금었다
달 한 모금 머금었다
그러다 그러다
끝없는 욕심 다 버리고
그 산은 오직 하나
달만 푸근히 머금기로 했다
그래서 그 산은
함월산이 되었다

해와 달

어릴 적
동화책에서 보던 해님 달님 이야기가
세상이 유지되는 원리가 된다는 걸
이 나이가 되어서야 실감한다

양기를 갖고 태어난 나는
제대로 해의 직분을 다하고 있는 걸까
차분한 음기로
번잡한 나와 가정을 아우르는 달님 아내
그 보이지 않는 큰 기운을
나는 제대로 알고 있는지

오늘 문득
어두운 밤하늘을 밝히는 달을 보고 깨닫는다

휴대폰 세상

텅 빈 공간에
온 세상이 들어앉았다
무너지지 않을
시간의 성들이 빼곡하다
스쳐갔던 인연들도
다가오는 인연들도 반갑다
가끔은
나를 가둬놓는 감옥이기도 하지만
또 가끔은
훨훨 세상을 날게 하는
바람이 되기도 한다

휴지는 쉬는 중

누군가가 다 써버린 종이
초라하게 구겨진 채 쭈그리고 앉았다
저 휴지도 처음엔 얼마나 쌩쌩했던가
자기의 역할을 다하고
이제는 휴식을 취하고 있다
초라해졌다고
후줄근해졌다고
밟지도 말고 침 뱉지도 마라
젊은 혈기 다 바쳐 최선을 다했다
말없이 엎드린 낡은 저 몸
지금은 조용히 휴식 중

흰밥과 잡곡밥

흰 햅쌀밥의 구수한 향미엔
봄 여름 달려온
농부의 땀방울이 가득하다

그 흰밥의 맛도 뛰어나지만
콩이나 다른 곡물을 섞으면
영양가와 풍미가 높아진다

세상엔 다양한 사람들이 산다
흰밥처럼 고결하게 사는 사람도 있고
검은콩 흰콩 찰보리 겉보리
온갖 사람들과 어울려 사는
잡곡밥 같은 사람도 있다

때론 흰밥처럼 정갈하게
때론 잡곡밥처럼
너와 나
어울렁더울렁 섞여서 살아볼 일이다

힘이거나 짐이거나

어깨 가득 짐을 메고
휘청거리는 사람이 지나간다
고개가 무너질 듯 짐을 이고
뒤뚱거리는 사람이 지나간다

우리는 누구나
몸과 마음을 짓누르는 짐을 지고 산다
그리고 알게 모르게
누군가에게 짐을 지우며 산다
나도 분명 짐이 되었을 거다
그 사실을 깨닫는 순간 부끄러워진다

이젠 짐 대신 힘이 되어주고 싶다

닫힌 문

무심코 다니던 길
언제부터인지
하나 둘 가게 문이 닫힌다
처음엔 대수롭지 않았는데
닫힌 문이 늘어갈수록
가슴이 먹먹해지면서 서글퍼진다
길가를 맴도는 바람이 쓸쓸하다
언제쯤 경제가 살아나
꽉 다문 입을 열까, 저 문들
언제쯤 떠나간 자영업자들이 돌아올까
해 저문 길가
까마귀 몇 마리가
닫힌 문 앞을 서성거린다

가방을 보면

살짝 열린 가방을 보면
늘 떠날 준비를 하고 있는 것 같다

겹겹이 싸인 일상을 벗고
구름과 바람 가득 담아
목적도 방향도 없이
떠날 준비를 하는 것 같다

어쩌면 저 가방이 나인지도 모른다
반쯤 문 열어놓고
언제든 숨가쁘면
훌훌 달려나갈 채비를 하고 있는지도

다시 봄이다

동면에 빠졌던 봄은
물오른 나뭇가지로 온다
기별도 없이
소문도 없이
개구리가 봄소식을 전하고
얼었던 바람도
묵었던 옷을 벗어 던진다
곳곳에 햇바람 냄새가 나고
꽃바람 냄새가 난다
다시 봄이 되었다

정연태 시집 『가지 않았던 길』 출간을 축하하며

이 자 영

(시인 · 울산대사회교육원 주임교수 역)

소시적부터 남다른 사업 능력을 발휘하여 튼실한 아성을 세운 정연태 대표(화신건설.주)가 첫시집, 『가지 않았던 길』을 출간한다.

스물 네 시간이 빠듯한 일상을 헤치고 수년간 꾸준히 시창작 공부를 해온 그가 근 40년 역사를 가진 ≪문학세계≫ 신인문학상에 당선하여 어엿한 중앙 등단 시인으로 새로 태어난 것이다.

정연태 시인에게 있어 문학의 길은 그야말로 '가지 않았던 길'이다. 그러나 세상 곳곳으로 향하는 그의 따뜻한 시선과 인간적 감성은 일찌감치 그를 시인의 길로 내몰고 있었는지도 모른다. 불우한 이웃들을 쉽사리 지나치지 못하는 그의 눈길은 여기저기 곳곳에 가 닿는다. 몸으로 마음으로 부딪치며 쓴 그의 시작품이 읽는 이들의 공감을 부르는 이유이다.

정연태 시인의 시는 편하게 읽히면서 오랜 여운을 남긴다. 한 마디로 진솔하고 따뜻하다. 삶의 체험에서 비롯되는 깊고 넓은 내면적 성찰과 보편적 일상을 특별한 체험의 정서와 철학으로 이끌어내는 저력을 보이고 있다.

총 5부로 짜여진 시집의 얼개를 살펴보면 제1부 <보름달은 웃는데>, 제2부 <문장부호 하나로>, 제3부 <새 날개를 기다리며>, 제4부 <굿모닝, 굿네이버스>, 제5부 <다시 봄이다> 인데 소제목만 보더라도 [가지 않았던 길]을 따라가는 독자들의 발걸음은 시인의 진정성과 시적 지향점을 충분히 느끼고도 남을 듯하다. 기교와 겉멋에 물들지 않아 따뜻하고 편안히 읽혀지는 시편들에서 가슴 밑바닥에서부터 피어오르는 아늑한 훈기가 사방으로 전해질 거라 믿는다. 저어기 어디쯤에서 "문학은 인생에 대한 질문"이라 갈파했던 사르트르의 목소리가 들려온다.

시는 미래가치를 지향한다. 시의 뿌리는 오늘의 것이지만 그 열매는 내일의 것이다.

정연태 시인의 첫 시집 발간을 축하하며 이 시집이 헝클어져 가는 사회정서의 순화적 촉매제가 되길 기대한다. 사업과 시작업에 더욱 왕성한 의욕과 보람이 함께하시길.

이자영 | 동아대 대학원 국어국문학과 문학석사, 울산대 대학원 국어국문학과 문학박사 졸업. 제34회개천예술제 문학신인상 시 부문 대상(1984). 대한민국 우수 문화예술인 선정 청와대 초빙(1984). 녹색시인상, 박재삼문학상, 한국글사랑문학상, 울산펜문학상, 울산문학상, 울산시인상 등 수상 다수. 시집 『하늘을 적시고 가는 노을 같은 너는』『밤새 빚은 그리움으로』『단문이 그리운 날』『이별 없는 시대』『꿰미』『꽃다발 아니고 다발꽃』『고요한 수평』『뫔 닿는 어디쯤』등. (2001~)울산대학교, 영산대학교, 한국폴리텍대학교, 울산시민문예내학, 기업체 등에서 국문학, 인문학, 시창작 강의를 해옴. 국제펜문학회, 한국본부회원, 한국문인협회 회원.

가지 않았던 길

초판1쇄 발행 2026년 1월 15일

지 은 이 정연태
펴 낸 이 이길안
펴 낸 곳 세종출판사

주소 부산광역시 중구 흑교로 71번길 12 (보수동2가)
전화 051 – 463 – 5898, 253 – 2213~5
팩스 051 – 248 – 4880
전자우편 sjp15898@daum.net
출판등록 제02-01-96

ISBN 979-11-5979-850-4 03810

정가 12,000원

이 책은 저작권법에 따라 보호받는 저작물이므로 무단전재와 무단복제를 금지하며, 이 책 내용의 전부 또는 일부 내용을 재사용하려면 사전에 저작권자와 세종출판사의 동의를 받아야 합니다.

* 잘못된 책은 교환해 드립니다.